AF237717

Die Autorin Irene Hülsermann …

… ist mit 1 fabelhaften Mann verheiratet
… hat 2 großartige Kinder
… spricht 3 Sprachen
… lebte an 4 Orten
… erlernte 5 Berufe
… hat beim Alter eine 6 vorne stehen
… fährt ihren 7. Fiat
… übt 8 Hobbys aus
… hat 9 Sehnsuchtsorte
… hat 10 Leidenschaften
… hat 11 Bücher veröffentlicht

https://huelsermann.wixsite.com/irenehuelsermann

Danke …

…an meine Familie, die mich nach wie vor bei meiner Leidenschaft Bücher zu schreiben unterstützt.

… an meine Leser und besonders die, welche mir sagen oder schreiben, dass sie gerne meine Bücher lesen und was ich verbessern könnte. Lob ist die größte Motivation.

… an meine Lektorin Chiara, ohne die meine Bücher nur halb so gut wären

Irene Hülsermann

Mein
Donauwörth

Bibliografische Information der Deutschen Nationalbibliothek:
Die Deutsche Nationalbibliothek verzeichnet diese Publikation in der Deutschen Nationalbibliografie; detaillierte bibliografische Daten sind im Internet über http://dnb.dnb.de abrufbar

1. Auflage 2023

Herstellung und Verlag:
BoD - Books on Demand, Norderstedt

Umschlaggestaltung & Fotos:
© ShellFellow ArtWorks, Germany

ISBN 978-3-7528-9478-3

Was ist Heimat?

Heimat ist dort, wo man sich
angekommen fühlt.

- Inhalt -

Meine neue Heimat

Vor 25 Jahren hat es mich von Oberbayern nach Bayrisch-Schwaben verschlagen. Meine neue Heimat, ein kleines Städtchen mit fast 20.000 Einwohnern, dennoch große Kreisstadt, gefiel mir auf der Stelle. Ich habe eine Schwäche für alte Gemäuer, Fachwerk und Bürgerhäuser. Ich schätze alte Stadtmauern, Kirchen und Burgen. Ich benötige zum Auftanken viele Grünflächen, Natur pur und Wasser.

Die Drei-Flüsse Stadt - Donau, Wörnitz und die Schmutter - wurde im April 1945 zu 75 Prozent zerstört. 300 Einwohner kamen dabei ums Leben. Nach dem Krieg wurde der Stadtkern wieder liebevoll aufgebaut und trotzdem fielen leider in den achtziger Jahren herrliche alte Gebäude dem Wahnsinn der Städteplaner zum Opfer.

Donauwörth liegt 40 Kilometer nördlich von Augsburg. In einer Stunde ist man dank der Autobahn und vierspuriger Bundesstraße in München. Der ICE hält in der Stadt und somit sind die Anbindungen an die weite Welt vielfältig. Die Berge und Italien sind auch nicht weit entfernt.

An der romantischen Straße gelegen und mit einer der schönsten Straßenzüge ausgestattet, überzeugt die Stadt vor allem Tagestouristen, Radfahrer und Pilger. Seit dem 13. Jahrhundert führen drei Pilgerwege durch Donauwörth: der bayrisch-schwäbische Jakobsweg, der Via Romea Germanica nach Rom und seit 2021 der Jerusalemweg.

Große Firmen wie Airbus, Zott, Südzucker, Valeo, Hama, Fendt und viele mehr haben sich in Donauwörth und Umgebung niedergelassen und sorgen für die mit am niedrigste Arbeitslosigkeit von ganz Deutschland. Außerdem auch wegen der Bundeswehr, die hier bis 2014 angesiedelt war, lebte die verschlafene Kleinstadt viele Jahre auf. Der Zuzug ist enorm und so ist es nicht verwunderlich, dass man nicht nur eine Vielfalt an Dialekten vernimmt, sondern ebenso Französisch, Italienisch, Spanisch und etliche andere Sprachen.

Die Burg Mangoldstein, berühmt für die Tragödie von Herzog Ludwig II. der Strenge, der in Eifersucht seine Frau Maria im Jahre 1256 hinrichten ließ, weil ihm durch Intrigen ihre angebliche Untreue zugetragen wurde, existiert nicht mehr. Nur der Felsen mit ein paar Ruinenresten zeugt noch von dieser Zeit.

Dort ist auch die grüne Lunge der Stadt. Durch die Verlegung der einstigen Bahntrasse entstand die Promenade, die vom Frühjahr bis Winter die Bürger und Touristen magisch anzieht. Der ehemalige Zugtunnel lässt noch diese Epoche erahnen.

Kommt mit auf meiner Reise durch Donauwörth und lasst Euch überraschen, was es hier so alles zu Erleben gibt.

Schwäbischwerder Kindertag

Wir lebten seit fast einem Jahr in der damals gemütlichen und beschaulichen Kleinstadt. Das erste Schuljahr unseres Sohnes in der neuen Heimat näherte sich dem Ende zu. Ein eindrucksvolles Event, an dem alle Kindergarten- und Grundschulkinder und ein paar Schüler der oberen Jahrgänge mitmachten, stand bevor.

Unser Sohn, der die wieder neu entdeckten Ritterfeste liebte, freute sich schon sehr darauf. Die historischen Gewänder, welche die Mitwirkenden tragen würden, um die Stadtgeschichte nachzuspielen, gefielen ihm ausgesprochen gut.

Dieses Ereignis fand nur bei schönem Wetter statt. Dummerweise war die Wetterlage genau an jenem Tag unübersehbar wechselhaft und nach langem Abwägen, wurde die Veranstaltung abgesagt. Unser Sohn war darüber mehr als traurig. Er wurde freilich im nächsten Jahr getröstet, denn er wurde als Fahnenschwenker eingesetzt.

Die Wurzeln des heutigen Festtages, welches damals Ruthenfest genannt wurde, liegen im 17. Jahrhundert. Der Schwäbischwerder Kindertag wurde mit weitreichenden Veränderungen 1977 von dem Altbürgermeister Dr. Alfred Böswald zusammen mit Michael Veh und Hans Baur ins Leben gerufen. Im zweijährigen Rhythmus am letzten Juli Wochenende wird dieses Schauspiel auf der Heilig-Kreuz-Wiese an der Wörnitz aufgeführt. Über tausend Jahre Stadtgeschichte werden mit Tanz, Musik und Texten nacherzählt.

Im Laufe der Jahre hat sich der Ablauf gewandelt. Aus dem eintägigen Fest wurde ein verlängertes Festwochenende mit historischem Markt und Lagerleben. Verschiedene Vereine und Gruppen aus Donauwörth bieten hierzu Spielstationen an: Armbrustschießen, Ringewerfen, Kinderritterturnier und vieles mehr laden zum Verweilen ein. Außerdem gibt es einen Kunst- und Töpfermarkt und, wen wundert's, zahlreiche Buden, die fürs leibliche Wohlbefinden sorgen. Abends begeistern Live-Musik, Tanz und Feuershows die jungen und alten Gäste aus nah und fern.

Am Sonntag, nach dem Historienspiel, an dem 1000 Kinder mitwirken, schließt sich der Festumzug durch die Innenstadt an. Dieser findet im Gegensatz zum Historienspiel jedes Jahr statt. Die verschiedenen historische Gruppen können nun von den etwa 30.000 begeisterten Zuschauern bestaunt werden. Musikkapellen, Fanfarenzüge, Pferdegespanne und die vielfältigen Gewänder der Kinder verleihen dem Umzug einen einmaligen glanzvollen Auftritt.

Unsere Tochter erlebte dieses Ereignis das erste Mal mit zwei Monaten. An jenem Tag war es ungewöhnlich heiß und sie bekam trotz Schatten und Creme einen leichten Sonnenbrand. Später durfte sie mehrmals an diesem Spektakel teilnehmen. Dabei war sie besonders von den vielfältigen Kostümen begeistert. Egal ob sie als Fischerin, als Flötistin oder als Dame aus der Biedermeierzeit verkleidet war, für sie war es jedes Mal ein großartiges Event und sie spielte mit Hingabe ihre zugetragenen Rollen.

Ein kleiner Spaziergang

Donauwörth bietet dank seiner Lage reichlich Grünflächen an. Einmal sind die Flüsse und das dadurch bedingte Hochwasser schuld, dann die Verlegung der Bahnstrecke.

Wenn ich aus der Haustür hinausgehe, bin ich sofort im Grünen, obwohl die Innenstadt nur etwa 15 Gehminuten entfernt ist. Ich starte meinen Spaziergang über die Felder direkt zur in der Nähe gelegenen Wörnitz und von dort aus spaziere ich bequem immer am sich schlängelnden Fluss entlang Richtung Stadt.

Der Weg führt vorbei an der alten Stadtmühle mit dem Wehr. Auf der linken Seite sehe ich schon die Heilig Kreuz Kirche und das Kloster auf einem Hügel. Die Treppe laufe ich nur bis zur Hälfte hinauf, dann biege ich in den Waldweg ein. Dieser führt an der Stadtmauer entlang zur alten Kaserne. Sie wurde 1715 für 400 Mann errichtet, um die Bürger zu entlasten, da die Soldaten vorher privat einquartiert waren. Ab 1803 diente sie als Invalidenhaus, ab

1805 als Lazarett. Heute befinden sich darin sanierte, bezahlbare Wohnungen in beschaulicher, zentraler Lage.

Ich überquere die Straße und gehe zwischen den Häusern den Hügel hinunter zur Promenade. Rechts und links erfreuen mich die angepflanzten Blumen- und Kräuterbeete. In der ganzen Stadt stehen Kräuter- und Gemüserabatten, an denen die Bürger sich kostenlos bedienen dürfen.

Ich sehe das sehr kleine ehemalige Kapuzinerkloster, 1630 gegründet, welches heute nicht nur das berühmte Käthe Kruse Puppenmuseum, sondern auch die Werner-Egk-Begegnungsstätte beherbergt. Ein Blick zurück und ich erblicke den alten Eisenbahntunnel, der 1849 erbaut wurde. Er ist Bayerns zweitältester Tunnel und wurde bis 1877 bis zur Verlegung der Bahnlinie genutzt. Heute dient er als Rad- und Fußgängerunterführung.

Auf der rechten Seite am Mangoldfelsen erblicke ich die Ruinenreste der

Burg Mangoldstein, erbaut um 1000. An diesem Felsen steht seit 2007 das Freilichttheater. Hier bietet das Theater Donauwörth jährlich zwei abwechslungsreiche Bühnenstücke für Kinder und Erwachsene. Die herausragenden Schauspieler und die ausgezeichnete Wahl der gespielten Stücke locken Zuschauer von weit her an.

Gleich gegenüber erstreckt sich ein riesiger Spielplatz für die kleinen Mitbürger, der das ganze Jahr konstant frequentiert wird.

Und daneben steht das neue VHS Gebäude. Zu Baubeginn entdeckte man archäologische Funde, die in den Neubau integriert wurden: Teile der ehemaligen Stadtmauer, der staufische Eckturm und ebenso ein Felsbrocken, der beim Meteroriteneinschlag im Ries bis nach Donauwörth geschleudert wurde. Der einstige romanische Taufstein ist im Foyer ausgestellt.

Die Promenade, das Herzstück der Stadt, ist im Sommer wie Winter einen

Besuch wert. Der Kaibach, von zwei Wegen gesäumt, plätschert beschaulich hindurch. Die alte Bahnstrecke ist zwar weiterhin erkennbar, aber jetzt säumen eine imponierende Allee, viele Pflanzen und Brunnen den Weg. Für Sportbegeisterte stehen Fitnessgeräte entlang der Wegstrecke bereit.

Der außergewöhnliche Zaubergeigenbrunnen des in Donauwörth geborenen Komponisten Werner Egk steht direkt vor dem romantischen Ochsentörl an der alten Stadtmauer und zieht die Blicke an.

Ein gemütlicher Garten, idyllisch an der alten Stadtmauer gelegen, wird ganzjährig als Eventgarten genutzt. Im Winter wurde zum Beispiel Glühwein und Bratwurst zu musikalischen Klängen offeriert und dazu leuchtete der Lichterpark in der Promenade.

Ich schlendere bis zum Ende der abwechslungsreichen Promenade und erreiche am Fluss den Alten Donauhafen. Er wurde erst 2017 fertiggestellt, nachdem eine engagierte Bürgerinitiative jahrelang und in mühevoller Arbeit die Vorarbeit geleistet hatte. Einst war er der größte Hafen Schwabens und das schon im 16. Jahrhundert. Einige Zeit später entwickelte sich die Donau-Dampfschifffahrt, die leider mit Beginn des 20. Jahrhunderts endete. Die Anlage verfiel, heute kann man wieder an der Uferpromenade flanieren.

Bevor ich zurück ins Zentrum wandere, bewundere ich das beeindruckende, restaurierte Maximilium. Erbaut um 1600 war es einst ein denkwürdiges Gasthaus mit dem Namen „Rother Krebs". Zerstört im Dreißigjährigen Krieg und 1780 wieder aufgebaut. 1838 wurde das „Hotel Krebs" erweitert und dank seiner Lage am Hafen und wegen der Donau-Dampfschifffahrt und der Bahnlinie Augsburg-Nürnberg stark frequentiert. Selbst König Maximilian II. von Bayern nächtigte hier. Als ich nach Donauwörth zog, stand ein stark verfallenes, dennoch eindrucksvolles Gebäude da. Heute erstrahlt es in neuem Glanz. Investoren haben ganze Arbeit geleistet und ein geschmackvolles Ärztehaus erschaffen.

Jetzt laufe ich ein kleines Stück an der Straße zurück ins Zentrum. In wenigen Jahren wird der Fußweg vom Hafen bis zur Riedinsel fertiggestellt sein.

Ich komme am Donauspitz vorbei. Dort fließt die gemächlichere Wörnitz in die schnell fließende Donau. Um den Punkt zu erreichen, gehen wir über die Friedensbrücke. Eine kleine Parkanlage mit Bänken und Blumenbeeten lädt zum Verweilen ein.

Zurück über die Brücke und weiter am Fluss entlang erreiche ich die idyllische Riedinsel mitten in der geteilten Wörnitz. Ich gehe direkt zum 1811 erbauten Rieder Tor, das heute das Haus der Stadtgeschichte beherbergt und steige die kleine Treppe hinauf, schreite durch das Tor und überquere die Brücke zur Insel. Im Sommer, wenn die Restaurants und Cafés geöffnet haben, betört dieser Teil der Stadt mit südländischem Flair.

Den kleinen Abstecher über die Insel beende ich, indem ich zurück zur Wörnitz gehe und eine der drei Fußgängerbrücken überquere. Mein Blick fällt auf das Färbertörl, das sich zauberhaft in die Stadtmauer einfügt und mit seinem Fachwerk beeindruckt. Seit 1985 haben die Kunstfreunde Donauwörth darin ihr Domizil gefunden und offerieren dem Kunstliebhaber abwechslungsreiche Ausstellungen.

Auf dem Heimweg schlendere ich am malerischen Ufer der Wörnitz entlang. Ein sehr idyllischer, eingewachsener Fußweg umrundet den Klostergarten. Auf der rechten Seite erblicke ich das eindrucksvolle Heilig Kreuz Kloster mit der Kirche.

Auf dem Rückweg komme ich erneut an der alten Stadtmühle vorbei, biege aber nicht ab um den Weg zurückzugehen, den ich gekommen war, sondern gehe weiter gerade aus und erreiche die alte Bahnstrecke. Rechts sehe ich den Eisenbahntunnel und biege links ab. Ich wandere den alten Bahnweg, der parallel zu dem Weg an der Wörnitz verläuft, zurück und erreiche bald darauf mein Zuhause.

Treffen unter Freunden

Die ersten Jahre, in denen ich in dieser Stadt lebte, verstand ich gar nicht, warum die Donauwörther so einen Rummel darum machten. Erst mit der Zeit begriff ich, dass es offensichtlich gar nicht um das Fest als solches ging, sondern um die Gelegenheit, alte Freunde wiederzutreffen, die in die Ferne gezogen sind. Oft zufällig, manchmal geplant. Viele ehemalige Donauwörther aus ganz Deutschland kommen extra für dieses Ereignis zu Besuch, um Freunde und Familie in lockerer Atmosphäre zu treffen.

Das Reichsstraßenfest, ein Bürgerfest zwischen Tradition und Moderne, ist bei den Einwohnern und Gästen gleichermaßen geschätzt und findet im Juli alle zwei Jahre seit 1977 im Wechsel mit dem Schwäbischwerder Kindertag statt.

Drei große Bühnen auf der beliebten Reichsstraße bieten ein unterhaltsames Kultur- und Musikprogramm an. Die Bands spielen für jeden Geschmack und Altersstufe ihr Repertoire. Im unteren Teil der Straße wird gerockt, während in der Mitte die Oldies erklingen und die Volks- und Schlagermusik erschallt im oberen Bereich. Zusätzliche Showeinlagen runden das Programm ab. Und an Kulinarischen fehlt es ebenfalls nicht. Von der traditionellen Bratwurst, über italienische „Porchetta" bis hin zu exotischen Gerichten reicht die Palette und vor den Cocktailbars sind die Reihen besonders lang.

Ein anderes Event, bei dem sich die Donauwörther begegnen, ist neueres Datums. 2014 fand die Kulturnacht das zweite Mal statt und ist ebenfalls ein beliebtes Treffen unter Freunden. Als ich das erste Mal daran teilnahm, war ich sofort begeistert. Das vielfältige Kulturprogramm erwartete die Gäste an den ungewöhnlichsten Orten: Theater, Film, Musik, Tanz und Literatur. Wir hatten Glück mit dem Wetter. Sommerliche Temperaturen im September lockten viele Gäste an. Mit meiner Freundin Petra und unseren Töchtern besuchten wir ein italienisches Lokal und hörten beim Essen den Klängen zu, die aus dem Parkhaus gegenüber erschallten.

Nachdem wir fertig waren, schlenderten wir hinüber und tanzten die Kalorien gleich wieder ab. Eine geniale Idee, ein Parkhaus als Ort für ein Musikkonzert zu benutzen.

Wegen der enormen Resonanz folgte 2019 die dritte Kulturnacht. Wieder wurde an spektakulären und ungewöhnlichen Orten ein vielfältiges Kulturprogramm von der Großen Kreisstadt Donauwörth organisiert und präsentiert. Dieses Mal stand es unter dem Motto „Genuss am Fluss". Die ausgewählten Orte führten vom ehemaligen Eisenbahntunnel, entlang am Käthe-Kruse-Puppen-Museum, durch die Promenade, an der Freilichtbühne und dem Glas-Gewächshaus vorbei, bis zum Alten Donauhafen.

Ein unterhaltsames, aber gleichfalls ernsthaftes und kurioses Kulturprogramm erwartete die gespannten Besucher: von Literatur, Poesie, Theater und Film, bis hin zu Musik und Tanz. Im Eisenbahntunnel spielte der Stummfilm-Klassiker „Der General" mit

Buster Keaton. Eine offene Theater-
probe zu dem Stück „My Fair Lady" auf
der Freilichtbühne und eine „Silent Dis-
co" luden zum Verweilen ein. Im Glas-
Gewächshaus rockte eine Band. Auf
dem ganzen Kulturweg fehlte es nicht
an origineller Bewirtung mit genügend
Sitzgelegenheiten in romantischer
Beleuchtung.

Geheimnissen auf der Spur

Es lohnt sich stets an einer Stadtführung teilzuhaben. Ich habe damit bei meinen etlichen Reisen viele positive Erfahrungen gesammelt. In Straßburg und in Lübeck fuhren wir mit dem Boot, in Dinkelsbühl mit einer Pferdekutsche, in Rom nahmen wir an einer Tour mit dem Hopp-on Hopp-off Bus teil.

Selbst in Donauwörth habe ich an mehreren teilgenommen. Eine ist mir besonders im Gedächtnis geblieben. Eine einmalige Nachtwanderung mit Fackeln und Laternen. Die versierte Tourismus-Chefin Ulrike Steger führte persönlich diese ungewöhnliche und faszinierende Führung durch. Ihre dramatischen und informativen Erzählungen über Donauwörths Geschichte im Flackern der Lichter waren nicht nur stimmungsvoll, sondern ebenso unheimlich.

Als wir gegen Ende der Führung am Mangoldfelsen vorbeikamen und sie von der Burg Mangoldstein erzählte, kamen für uns Teilnehmer völlig unerwartet Donauwörther Schauspieler in mittelalterlicher Verkleidung hinter den Bäumen hervor. Bernd Zoels las die tragische Geschichte von Maria von Brabant und Ludwig dem Strengen. Dieser hatte seine Gemahlin enthaupten lassen, weil er den gemeinen Intrigen ihrer angeblichen Untreue mehr glaubte als ihr selbst.

Jeder Anwesende erhält am Ende bei den Donauwörther Stadtführungen ein „Mondspritzer"-Bonbon. Diese entwickelte die Bonbon-Fabrik Edel nach einer Idee von der Tourismus-Chefin. Woher der Name „Mondspitzer" kommt, kann man in der Stadtchronik nachlesen. Die Bürger wurden im 19. Jahrhundert aus dem Schlaf gerissen, weil scheinbar ein Feuer auf dem Schellenberger Hof ausgebrochen war. Im Osten war der Himmel glutrot erleuchtet. Als die Feuerwehrleute ankamen, sahen sie, dass der Hof gar nicht brannte, aber dafür das Dorf Zirgesheim. Deshalb kehrten sie um und zogen in den vermeintlichen Ort. Aber selbst dort gab es kein Feuer zu löschen. Des Rätsels Lösung: Der Vollmond war über den Jurahöhen aufgegangen und hatte den ganzen Schellenberg in blutroten Schein getaucht. Die braven Männer löschten ihren Durst und hatten von nun an ihren Spitznamen.

Um die Mondspritzer ging es auch bei einer anderen Führung zu Beginn in meiner neuen Heimat. In unserer Stadt existiert der Verein „Donauwörther Mondspritzer". Diese Prominenten-Fußballmannschaft besteht aus Mitgliedern des Stadtrats und weiterer Persönlichkeiten. Sie setzen sich für soziale und caritative Zwecke ein.

Das in der Nähe gelegene Oberndorf bekam Besuch von seiner Partnerstadt „Costermano sul lago". Etliche Bürger der italienischen Stadt kamen, um bei einem Benefiz Fußballspiel gegen die Mondspritzer anzutreten.

Ich wurde gefragt, ob ich als Dolmetscher fungieren könnte. Zuerst begrüßte der Oberbürgermeister im Rathaus die italienische Delegation und danach folgte eine Stadtführung durch Donauwörth. Für diese Führung durch die mittelalterlichen Straßen hatte ich mir extra passende Worte wie Giebel, Fachwerkhaus und Hochwasserschutz herausgesucht und auswendig gelernt. Anschließend ging es noch weiter nach Nördlingen, wo sich dasselbe Prozedere abspielte. Ein schöner, aber ebenso anstrengender Tag.

Wasser - Fluch und Segen

Wasser spielt in Donauwörth eine extrem große Rolle. Unser Städtchen ist eine Drei Flüsse Stadt. Die Donau fließt im Süden vorbei. Der berühmte Donauspitz ist genau an der Stelle an der die vom Norden und durch die Altstadt fließende Wörnitz in die Donau strömt. Die Schmutter mündet anschließend im Süden dazu, leise und fast unbemerkt.

Die Donau und die Wörnitz waren Fluch und Segen für die Kleinstadt. Regelmäßig wurde die Altstadt und vor allem die in der Wörnitz befindliche Riedinsel überflutet. Der Wasserstand betrug 1982 5,43 m und 1994 den Höchststand von 5,77 m. 1984 wurde mit der Hochwasserfreilegung begonnen. Bei dem großen Hochwasser 1994 war dann die Riedinsel das erste Mal überschwemmungsfrei.

An der Wörnitz befindet sich eine großflächige Wiese, die in der Regel zweimal im Jahr überflutet, wenn der Fluss durch die Schneeschmelze oder heftigen Regen zuviel Wasser führt. Im

Winter diente die Grünfläche viele Jahre als Schlittschuhbahn. Wenn es im Januar eiskalt wurde, überschwemmte man diese Fläche absichtlich um den Schlittschuhläufern eine Eisbahn zur Verfügung zu stellen.

Es gibt eine Reihe von alten Fotos, auf denen man etliche Donauwörther Bürger bestaunen kann, die in der Donau und in der Wörnitz im Sommer zum Baden gingen. Das gehört der Vergangenheit an. Aufgrund der Strömung des Flusses ist es viel zu gefährlich, zumindest in der Donau zu schwimmen.

Baggerseen gibt es viele in unserer Region. Fast jedes Dorf besitzt seinen eigenen Weiher oder See. Im Riedlinger Naherholungsgebiet befinden sich mehrere Seen und das bereits seit vielen Jahrzehnten. Deswegen sind die Ufer der einzelnen Gewässer mit Bäumen und Pflanzen zugewachsen. Natur pur. So trifft man sogar auf Fische und anderes Getier. Das erlebte ich einmal, als ich gemütlich in der Mitte des Sees geschwommen bin und mich eine

Wasserschlange keck anschaute. Ich habe Angst vor Schlangen und sprach zu ihr: „Tu mir nichts, ich tu dir auch nichts." Das wirkte, sie schwamm in entgegengesetzter Richtung davon.

Hoch oben auf dem berühmten Schellenberg mit seiner pittoresken Aussicht auf Donauwörth und die Donaulandschaft, steht seit 1963 das Freibad. Bei klarer Sicht sind am fernen Horizont die Berge zum Greifen nah. Während der Pandemie wurde das alte Freibad zu einem Spaßbad umgebaut. Jetzt hat es nicht nur den Schwimmer- und Nichtschwimmerbereich, den obligatorischen Sprungturm und eine einfache Rutsche, sondern zusätzlich eine riesige Rutschenlandschaft. Und so haben die Wasserratten die Möglichkeit zwischen der Familien-, der Speed- und Breitwellen-Rutsche zu wählen.

Zum sommerlichen Badevergnügen gehört ebenso die Wellnessoase mit dem Strömungskanal, der Wasserspeier und der Luftsprudel. Das Kleinkinderbecken bietet unter anderem eine

Splash-Area und einen Wasserspray-park. Ein Beach-Volleyball-Feld, eine Spielplatzanlage und ein Kiosk runden das umfangreiche Angebot ab.

Bei der Neueröffnung im Jahr 2022 mussten meine Tochter, eine große Wasserratte, und ich unbedingt diese neue Errungenschaft testen. Am besten gefielen uns beiden die Massagedüsen und der Strömungskanal.

Double's Starclub

Angefangen hatte alles mit unserem pubertierenden Sohn. Er hatte, wie viele Jungs in seinem Alter, plötzlich die Idee Schlagzeug zu lernen, und fing damit in der Musikschule an. Nach ein paar Jahren war die Luft raus.

Beim Gespräch mit dem Musiklehrer meinte mein Mann, er würde ja ebenfalls gerne Schlagzeug spielen, das wäre schon immer sein Kindheitstraum gewesen. Spontan übernahm er den Unterricht vom Sohn. Dann begab er sich für vier Monate in den Auslandseinsatz nach Afghanistan. Ich redete mit dem Lehrer „Ich würde auch gerne Schlagzeug lernen, aber ich bin ja schon so alt." Lachend erklärte mir der Musiker, dass man dafür nie zu alt sei. Demzufolge erlernte ich in Abwesenheit meines Mannes ebenfalls dieses Schlaginstrument.

Im Fachgeschäft für Musikinstrumente kauften wir nicht nur das Schlagzeug, sondern allerlei Zubehör. So kamen wir mit dem Besitzer Michael Wanke, genannt Double, immer öfters in lange Gespräche. Seine sympathische Frau Katharina lud uns spontan zu ihrem 30. Geburtstag ein. Es folgte eine Freundschaft, die bis heute anhält.

Der Verkauf von Instrumenten verlief immer bescheidener, nicht zuletzt wegen des Internets. Die Kunden ließen sich stundenlang vom Ehepaar beraten, um es dann billiger im Netz zu erwerben. Da unter dem Laden die gleiche Fläche noch einmal vorhanden ist, kam Double die geniale Idee, hin und wieder Live-Musik anzubieten. Weil er selber Musiker ist, verfügt er über die nötigten Kontakte. Seine Frau, gelernte Dekorateurin, baute mit ihm die gesamte untere Etage um und die Stadt erteilte die Erlaubnis, einige Veranstaltungen pro Jahr abzuhalten.

Ich erinnere mich genau an die Anfänge bei denen wir, wie viele andere Freunde auch, mithalfen. Der Livekeller wurde ein Riesenerfolg. Nach baulichen Umgestaltungen bekamen sie die Erlaubnis regelmäßig zu öffnen. Seit nunmehr zehn Jahren ist der Club jedes

Wochenende geöffnet und egal ob 18 oder 70 Jahre alt, hier treffen sich alle zum Tanzen, Lauschen und Ratschen.

Es wurde ständig umgebaut, der Instrumentenladen löste sich nach und nach auf und im oberen Bereich entstand ein gemütlicher Loungebereich mit Theke. Im geräumigen Nebenraum stehen ein Billardtisch, Flipper und eine Dartscheibe.

Wir haben in all den Jahren hervorragende Künstler gehört und näher kennengelernt, weil uns Double stets vorstellte. Zudem schrieb ich für den Kulturteil der Donauwörther Zeitung und kam durch die Interviews sehr nah an die Künstler heran. Sena Erhardt, Cryssis, San 2, Keller Steff, Pete York, Nick Woodland sind nur ein paar der bewundernswerten Interpreten.

Im Rahmen unserer Lesetour traten meine Freundin Petra Plaum, unser Musikerfreund Stefano Messina und ich mit „Buch trifft Musik"in dieser Location auf. Bei Kaffee und Kuchen spielte

Stefano seine selbst komponierten Lieder passend zu unseren vorgetragenen Kurzgeschichten. Ein voller Erfolg, den wir an anderen Orten wiederholten.

Egal ob man ein Live Konzert hören oder sich mit Freunden bei einem Cocktail treffen möchte, hier ist immer etwas los und die Gäste kommen von nah und fern.

Wo die Puppen leben

Für eine so kleine Stadt hat Donauwörth eine Menge an Museen. Das bekannteste ist vermutlich das Käthe Kruse Puppenmuseum im ehemaligen Kapuzinerkloster. Wenn man eine Tochter hat, ist diese Einrichtung wohl die Erste, die man sich anschaut. Bei uns war es auf jeden Fall so.

Käthe Kruse kennen vermutlich alle. Diese bemerkenswerte Frau präsentierte 1910 erstmals ihre Puppen in der Ausstellung "Spielzeug aus eigener Hand" im Berliner Warenhaus Tietz. Nach dem Zweiten Weltkrieg verlagerte sie ihre Werkstätten von Bad Kösen nach Donauwörth. Weiterhin werden hier diese Puppen nach alter Tradition produziert. Das Museum zeigt über 150 von ihnen, von den Anfängen 1910 bis heute.

Im selben Gebäude wird das Leben und Wirken des 1901 in Donauwörth-Auchesheim geborenen Komponisten in der Werner-Egk-Begegnungsstätte anschaulich dargestellt. Werner Joseph Mayer, mit dem Künstlername Egk schuf zahlreiche Opern, Ballett- und Konzertwerke. Mit seiner Oper "Die Zaubergeige" gelang ihm im Jahr 1935 der künstlerische Durchbruch.

Das archäologische Museum ist im Augenblick leider geschlossen, weil das Tanzhaus nicht den Brandschutzbestimmungen entspricht. Da die Sammlung im Augenblick in einem Depot lagert, hatten die Museumspädagogen eine ungewöhnliche Idee. Für Kindergärten und Schulklassen haben sie einen Koffer voller steinzeitlicher Materialien gestaltet um einen anschaulichen und packenden Unterricht zum Thema Alt- und Jungsteinzeit anzubieten.

Im 1480 erbauten Fischerhaus auf der Altstadtinsel Ried ist das Heimatmuseum untergebracht. Der Historische Verein Donauwörth erwarb es 1928 und eröffnete 1935 ein Museum für bäuerlich-handwerkliche Kultur darin. Vom Fischereiwesen, über die Schlosserei und Schmiedekunst bis hin zu religiöse Volkskunst mit einer großen Sammlung an Votivbildern reicht das reichhaltige

Anschauungsmaterial, dass das frühere Leben in Donauwörth und Umgebung vermittelt. Außerdem gibt es Inszenierungen von Schlaf-, Wohnkultur und Küche sowie eine eigene Abteilung für Trachten.

Das Haus der Stadtgeschichte befindet sich im historischen Stadttor an der Wörnitz. Zahlreiche Exponate, darunter die Markturkunde von 1030, Taler des 16. Jahrhunderts, Richtschwert und Waffen dokumentieren anschaulich Donauwörths Stadtgeschichte. Ebenso erfährt der Besucher über die Burg Mangoldstein, das Kloster Heilig Kreuz, die Reichsstraße vor und nach ihrer Zerstörung im April 1945 und der Wiederaufbau nach dem 2. Weltkrieg.

Erst vor wenigen Jahren haben wir uns die kleine aber feine Städtische Kunstgalerie im Enderlesaal angeschaut und waren überaus begeistert. In fünf Räumen sind Kunstwerke zu bewundern, die in Donauwörth entstanden sind, von hier geborenen oder arbeitenden Künstlern geschaffen wurden oder die mit der Stadt in Verbindung stehen. Das beeindruckende Deckenfresko von Johann Baptist Enderle thematisiert die Hochzeit der Meeresnymphe Thetis mit Peleus.

Glaube und Tod

In der Anfangszeit hatte ich diesem Berg gar keine so große Bedeutung beigemessen. Ich kannte ihn hauptsächlich, weil er im Winter als Schlittenberg benutzt wurde. Dann unternahmen wir bei einer Veranstaltung der Familienbetreuung der Bundeswehr, deren Angehörige im Auslandseinsatz sind, eine Nachtwanderung zur Kapelle. Im Licht der Fackeln sah ich das erste Mal die Schönheit dieses Ortes.

Im Stadtzentrum führt vom Kaibach aus ein Kreuzweg mit 14 Stationen. Die Kreuzwegstationen entstanden 1734 in Erinnerung an die Schlacht am Schellenberg. Im Spanischen Erbfolgekrieg verloren in einem zweistündigen Kampf etwa 13.000 Kampfteilnehmer ihr Leben. Die steile Treppe führt zu einer Kreuzigungsgruppe, der 1721 erbauten Maria-Hilf-Kapelle und der 1729 errichteten weiteren Kirche zu Ehren der Schmerzhaften Mutter Gottes.

Eine Besonderheit gibt es in der Karwoche. Dann ist die Kapelle geöffnet und man hat die Möglichkeit nicht nur das Madonnenbild von 1723 zu bewundern, sondern zudem des Grabchristus von 1735, das hinter dem Altar verborgen ist.

Von diesem eindrucksvollen Ort aus bietet sich eine reizvolle einstündige Wanderung an der Wörnitz entlang an. Dort überrascht der Geotop Kalvarienberg hoch oben auf einem Felsen über dem Ort Wörnitzstein. Als ich mit meinem Mann durch das barocke Portal, vorbei an den 1977 errichteten Stationen des Kreuzweges, den Felsen hinauflief, war ich schon beim Aufstieg von der sagenhaften Aussicht begeistert. Abt Cölestin zu Kaisheim erbaute 1750 die Kapelle. Sehenswert ist der Altar mit der Kreuzigungsgruppe und das von Gottfried Bernhard Göz geschaffene Deckenbild, das die Schlüsselübergabe an Petrus zeigt.

Drei Klöster sind ebenfalls ausgesprochen interessant. Das 1630 gegründete Kapuzinerkloster, wurde 1802 im Zuge der Säkularisation aufgelöst, von Privatleuten ersteigert und die Kirche

1846 abgebaut. Im Klostergebäude wurden ein Spital und ein Armenhaus untergebracht. Heute sind dort das Käthe-Kruse-Puppenmuseum und die Werner-Egk-Begegnungsstätte Zuhause.

Ein weiteres ehemaliges Kloster, die imposante Heilig Kreuz Klosteranlage thront über der Wörnitz. Um das Jahr 1040 wurde das Benediktinerinnenkloster von Mangold I. von Werd gegründet. Ludwig Auer erwarb 1877 die Abtei und rettete sie so vor dem Verfall. Durch die Gründung der heutigen Stiftung Cassianeum sicherte er den Fortbestand. Als ich nach Donauwörth kam, befand sich ein Internat für die Schüler der Knabenrealschule in den Gemächern. Mehrmals konnte ich während der Veranstaltungen den glanzvollen Gallussaal mit Deckenfresko des Donauwörther Rokokomalers Johann Baptist Enderle bewundern.

Das dritte Kloster in unserer Stadt wird heute weiterhin von den Nonnen des Dominikanerordens bewohnt. 1839 kamen auf Ersuchen des Stadtrates von

Donauwörth drei Lehrschwestern aus Augsburg für die Städtische Mädchen-schule. Die heutige Mädchenrealschule St. Ursula befindet sich in diesen Gemäuern, wird jedoch bald umziehen.

Sprachen lernen

Als ich nach Donauwörth kam, fand ich zuerst keine passende Arbeit, obwohl ich drei Berufe erlernt hatte. Nichts tun kam noch nie für mich infrage und so bewarb ich mich an der VHS als Italienischdozentin. Der erstaunlich kompetente und freundliche Leiter Konrad Böswald und seine Frau Anneliese lebten für diese Institution. Sie hatten die Lehreinrichtung für Erwachsene aufgebaut und zu einer der größten Volkshochschulen in Bayern gemacht.

Am Anfang hatte ich ein paar Anlaufschwierigkeiten, weil die Interessierten stets bei Muttersprachlern lernen wollten. Dabei ist es jedoch vor allem bei Anfangskursen vorteilhaft, wenn man die gleiche Sprache wie die Schüler spricht. Man kennt die Schwierigkeiten, da man die Fremdsprache selber erlernt hat. Ein weiterer Vorteil ist, dass man die Grammatik leichter erklären kann. Später in den höheren Kursen sind die Muttersprachler häufig besser geeignet, da sie zudem die Umgangssprache beherrschen.

Schon nach kurzer Zeit hatte ich volle Kurse. Das lag daran, weil ich mein Herz an Italien und die italienische Sprache verloren habe und meine Begeisterung dafür auslebe.

Den abwechslungsreichen Unterricht lockerte ich durch viele Spiele wie Memory, Domino, Bingo und „Wer wird Millionär" auf. Meine Arbeitsblätter, die ich im Laufe der Jahre selber erarbeitete, aber ebenso Lieder, Filme und Bücher wurden eingesetzt. Weihnachten sangen wir gemeinsam italienische Weihnachtslieder und am 6. Januar kam die „Befana" und brachte „Carbone" mit. Diese Tradition gefällt mir ausgesprochen gut. Die „gutherzige Hexe" bringt, wie in Deutschland der Nikolaus, den braven Kindern kleine Geschenke. Für die unartigen gibt es aus Zucker gepresste und schwarz gefärbte Kohle.

Großen Wert legte ich von Anfang an ans freie Sprechen. Und hier hatte ich Tricks, um die Schüler spielerisch dazu zu bringen, gerne zu kommunizieren.

Mit von mir ausgeklügelten Rollenspielen überlistete ich die häufige Scheu vorm freien Reden. Wir hatten jede Menge Spaß daran.

Als die Zertifikatskurse mit Abschlussprüfungen in das Programm aufgenommen wurde, war die VHS Donauwörth eine der ersten in Bayern, die dieses Angebot offerierte. Mir hat es enormen Spaß gemacht dies mit aufzubauen. Es sprach sich herum und viele kamen von weit her, um die Kurse zu besuchen. Ich wurde sogar ins Allgäu eingeladen und sollte über unsere Erfahrungen sprechen. Unglücklicherweise musste ich ablehnen, denn mein Mann war im Auslandseinsatz und ich hatte leider weder einen Babysitter und noch eine Oma vor Ort.

Am meisten gefiel mir die Idee des Kurses, den ich anbot: „Italienisch mit allen Sinnen genießen". Einmal im Monat hatten Interessierte mit Kenntnissen der italienischen Sprache die Möglichkeit daran teilnehmen. Die Idee beinhaltete das Lesen und Interpretieren einer Lektüre, das Hören und übersetzen eines Musikstückes und gemeinsam einen italienischen Film anzusehen, um darüber zu diskutierten. Der Besuch eines „Ristorante", bei dem nur in Italienisch gesprochen werden durfte, und eine Weinprobe standen ebenfalls auf dem Programm. Und nicht zuletzt das Lernen und Üben der Umgangssprache. Ein Spieleabend sollte das Ensemble abrunden. Leider kam es nie zu diesem Kurs, warum weiß ich selber nicht.

Von der Radltour zur Musiknacht

Jedes Jahr veranstaltet der Bayrische Rundfunk die BR-Radltour. Da Bayern riesig ist, findet es immer in einem anderen Eck statt und 2009 war es dann so weit. Die Jubiläumstour würde durch Donauwörth führen, genau wie schon vor zwanzig Jahren. Ich bin kein ambitionierter Radler. Aber das kostenlose Open Air Konzert von Steve Winwood, dem Weltstar, einem der Großen der achtziger Jahre, ließ ich mir nicht entgehen.

Auf der Heilig Kreuz Wiese, unterhalb des Klosters fand dieses Event statt. Und wie immer hatten wir keinen Babysitter für unsere Tochter. Da wir das schon so gewöhnt waren, nahmen wir sie verständlicherweise mit. Ihre Begeisterung war einfach mitreißend. Logischerweise gefiel es ihr vor allen Dingen, dass sie auf den Schultern von Papa sitzen durfte. Bei „Keep on running", „Gimme Some Lovin", oder „Valery" tanzten wir begeistert vor der Bühne mit. Als achtziger Jahre Fan war dies nicht allzu schwer. Die 1200 teilnehmenden Radler starteten am nächsten Tag durch die festlich geschmückte Reichsstraße von Donauwörth.

Unsere Tochter ist mit vielfältiger Musik aufgewachsen. Bereits mit fünf Jahren hatte sie uns zu zwei Konzerten ins Tanzhaus begleitet. Einmal zur „Gala der Tenöre". Sie war begeistert von den Operetten- und Musicalauszügen. Ein anderes Mal zu einem exzellenten Streichorchesterkonzert, an dem die Zuhörer zum großen Teil etwas betagter waren. In der Pause kam dann tatsächlich eine ältere sympathische Dame auf uns zu und fragte Chiara, ob ihr die Musik denn gefiele. „Ja, es ist so wunderschön", antwortete sie mit Inbrunst.

Ein weiteres unvergessliches Highlight war ein Beachkonzert von der Gruppe „Twice". Unsere Musikerfreunde Stefano Messina und Manuel Hechemer hatten diese coole Idee. Vor der Bühne wurde Sand aufgeschüttet und Liegestühle aufgebaut. An der Bar gab es Cocktails. Diese Veranstaltung fing relativ früh an und da unsere

Tochter unbedingt dabei sein wollte, gingen wir gleich zu Beginn hin. Fast wären wir nicht hineingekommen, weil die Security meinte, unser Nachwuchs wäre mit elf Jahren zu jung. Erst als wir den Ausweis vorzeigten, bestätigten ihre Eltern zu sein und zudem versprachen, nicht zu lange zu bleiben, durften wir eintreten. Weil wir so zeitig dran waren, fanden wir freie Plätze vor der Bühne. Wir genossen mit sommerlichen Getränken die musikalischen Klänge bei einem traumhaften Sommerabend im Liegestuhl.

Im Herbst gab es ein eindrucksvolles Event: die Kneipen- und Lichternacht. Nur einmal Eintritt zahlen und in verschiedenen Lokalen die unterschiedlichste Musik hören. Zudem erhellten Lichtershows an der Stadtmauer und an bedeutenden Bauwerken die ganze Stadt. Die meisten Geschäfte hatten bis Mitternacht geöffnet und lockten die Kunden zusätzlich mit Veranstaltungen, wie Vernissagen oder nur mit Getränken und Snacks. Manchmal war es schon kalt, manche Jahre war es angenehm mild.

Dieses Event wurde mit so großer Begeisterung angenommen und war dementsprechend stark frequentiert. Mittlerweile gibt es zwei Termine, einen für die Kunst- und Lichternacht mit Mitternachtsshopping und einen für die Musiknacht.

Das Ried und die Fischer

Ich bin in Starnberg aufgewachsen. Mein Mann hatte in Tutzing gelebt. Am Starnberger See hatten wir beide das allererste Mal der bemerkenswerten Tradition des Fischerstechens zugeschaut. Fast ärgerte ich mich über mich selbst, dass ich mir dieses Treiben nicht schon früher angesehen habe.

Als wir dann schon einige Zeit in Donauwörth wohnten, erlebten wir mit, wie das alte Brauchtum wieder neu aufgelegt wurde. Das im Juni stattfindende Inselfest mit dem Fischerstechen wird im zweijährigen Wechsel mit dem Reichsstraßenfest veranstaltet.

Diese 300 Jahre alte Tradition der ehemaligen freien Reichsstadt wird auf der Altstadtinsel Ried, die von der Wörnitz eingeschlossen ist, vier Tage lang gefeiert. Die Insel befindet sich außerhalb der Stadtmauern und wurde früher von den Fischern bewohnt.

Das Fischerstechen ist an mittelalterliche Lanzenturniere angelehnt und wird nach den historisch überlieferten Regeln ausgeübt. In der sogenannten Zille, einem traditionellen Boot, stehend und mithilfe eines Speers, versucht der Fischer, den Kontrahenten der gegnerischen Mannschaft vom Boot ins tiefe Wasser der Wörnitz zu befördern.

Zwischen dem Stechen der Hobbymannschaften am zweiten Tag und dem der Profimannschaften am dritten genießt der Besucher auf den zwei Bühnen abwechslungsreiche Live-Musik. Für jeden Geschmack ist etwas dabei und so ist es nicht verwunderlich, dass etliche der Gäste mittanzen oder mitsingen. Und wieder nutzen viele die Gelegenheit sich mit den Freunden zu treffen. Selbstredend kommt das leibliche Wohlbefinden dabei nicht zu kurz. Überall sind Stände mit kulinarischen Köstlichkeiten aufgestellt.

Einmal hatte mein Mann unserem Freund, einem Donauwörther Gastronom, dabei geholfen aus handelsüblichen Bierkisten einen originellen Stand aufzubauen. Beim anschließenden Ausschank hat er ihn selbstverständlich auch noch unterstützt.

Für die Kleinen oder Kleingebliebenen wird jedes Jahr das beliebte Entenrennen veranstaltet. Dabei werden nummerierte Plastikenten in die Wörnitz gesetzt und zugeschaut, welche als erstes das Ziel erreicht.

Die Donauwörther Fischerstecher sind ein kleiner traditioneller Verein mitten im Herzen der Stadt. An Muttertag und am Maimarkt sind sie mit ihren Zillen auf der Wörnitz und bieten die Möglichkeit an, Donauwörth vom Wasser aus zu bewundern. Ein Spaß für groß und klein.

Bereits im Mai beginnen die traditionellen Feste in unserer Stadt. Der Trachtenverein Donauwörth, gegründet 1929, tanzt am 1. Mai jedes Jahr um den aufgestellten Maibaum auf dem Fischerplatz im Ried. So werden Brauchtum und Tracht in Lied und Tanz erhalten, sehr zur Freude der Besucher. Seit einigen Jahren tragen selbst junge Leute wieder mit viel Begeisterung ihre Trachten an solchen ausgefallenen Tagen.

Vom Lesen und Zuhören

Jeder Ort und jede Stadt hat sie: Die Bibliothek! Unsere Stadtbibliothek ist eine bemerkenswerte Einrichtung und bietet so viel mehr als nur Bücher, Filme, Internet und Spiele. Natürlich lebt eine Bibliothek vom Engagement der Leitung und dem Team.

Die abwechslungsreichen Veranstaltungen und Vorführungen, die dort das ganze Jahr angeboten werden, sind auffallend kreativ gestaltet. Regelmäßige Vorlesestunden, Kinderkulturtage und Lesungen sind dabei das eine, aber die jährlich stattfindenden Ausstellungen des Kunstkurses des Gymnasiums sind bemerkenswert. Mannigfaltig werden die Kunstwerke jedes Jahr unter einem anderen Thema dargestellt. Ich erinnere mich an die „Kunstschau" über die ich in der Donauwörther Zeitung berichtete. Ein „Horror Schaukelpferd", das im Dunkeln leuchtet und ein originelles Gymnasium-Monopoly, eine Handtasche, die aus Kabelbindern geknotet wurde, aus Ton glasierte Schachfiguren oder auch Bleistift- und Wasserfarbenbilder zu dem Thema „Verschönerung der kleinen Aula" gab es zu bewundern.

Wenn ein Autor auf seinem mitgebrachten Kamishibai, einem extravaganten japanischen Erzähltheater deutet und fragt: „Wisst ihr, was das ist?", und die Kinder begeistert mitmachen. Wenn die großen Elefanten durch den Raum spazieren gehen oder eine andere Autorin mit einer Kinderarmbrust über den Schweizer Nationalhelden Wilhelm Tell erzählt, dann ist es wieder soweit. Kinderlesungen verzücken nicht nur die kleinen Zuschauer.

Und Inklusion kann auch so umgesetzt werden: Die Schüler der sechsten Klassen des Gymnasiums Donauwörth führten ein biblisches Stück mit selbst gebastelten Stabpuppen auf. Die aus sieben Künstlern bestehende Kunstgruppe ‚Kunst lebendig leben' aus der

Stiftung Sankt Johannes für Menschen mit Behinderungen, hatte mit allerlei Phantasie und großen Fertigkeiten eine passende Kulisse geschaffen.

Meine Freundinnen und ich boten unter dem Thema „Weibsbilder und Weibergeschichten" eine Lesung an und eine weitere Freundin stellte ihre eindrucksvollen Aquarellzeichnungen dazu aus. Die sympathischen, frechen und fröhlichen Weibsbilder auf den Bildern von Hanna Eigner kamen ausgesprochen positiv beim Publikum an. Passend zu den Exponaten erzählten wir Autorinnen Weibergeschichten über kesse Frauen. Der Abend war mit 80 Zuschauern ein voller Erfolg.

Evelyn Leippert-Kutzner, ist seit 1979 Leiterin der Stadtbibliothek und hat mit Kompetenz und Leidenschaft und einem fähigen Team eine bemerkenswerte Einrichtung erarbeitet. Sie war so begeistert von uns und un-

seren Gedankenblitzen, dass sie uns anbot, einmal im Monat in der Bücherei
bei „Brez'n und Kaffee" den Lesern aus
unseren Werken vorzulesen. Mittlerweile haben dadurch nicht nur wir, sondern ebenfalls andere Autoren die Gelegenheit ihre Bücher zu präsentieren.

Die engagierte und sympathische
Leiterin hatte uns weniger bekannten
Regionalautoren schon 2015 gefragt, ob
wir an dem berühmten „Stadt-Lesen"
teilnehmen würden, das in unserem
Städtchen statt-finden sollte. Bereits seit
2009 wird ein jährliches und kostenlo-
ses Literaturfestival in Österreich,
Deutschland, der Schweiz und Italien
veranstaltet. Dazu gibt es in den Städten
eine Bühne für Lesungen und überall
stehen Bücherregale und gemütliche
Sitzgelegenheiten zum behaglichen
Schmökern bereit.

Kultur für alle

Kultur in jeder Form hat mich schon immer begeistert. Demzufolge war es für mich eine begrüßenswerte Erfahrung über die verschiedensten kulturellen Ereignisse in der Donauwörther Zeitung zu berichten. Es ist ausgesprochen aufregend hinter die Kulissen zu schauen, hatte ich dadurch die Möglichkeit die Künstler zu interviewen. An manchen bemerkenswerten Abenden gab es Interpreten, die bereit waren, sich mit dem Publikum und somit auch mit mir länger zu unterhalten. So ein Höhepunkt war der Abend mit Marianne Sägebrecht. Diese Ausnahmekünstlerin unterhielt sich nach der Veranstaltung weit über eine Stunde mit uns.

Im Herbst dieses Jahres feiert unsere Stadt die 50. Donauwörther Jubiläums-Kulturtage, die der Altbürgermeister Dr. Alfred Böswald im Jahr 1971 ins Leben gerufen hat. Das Repertoire reicht jährlich von Klassik, über Jazz, bis hin zu Comedy und Lesungen, sowohl für Erwachsene, als auch für Kinder. Bei 20 Veranstaltungen traten bisher viele berühmte Schauspieler wie Michaela May, Iris Berben, und Michael Fitz auf. Bekannte Comedians wie Simon Pearce und Georg Ücker brachten das Publikum zum Lachen. Musikalisch abwechslungsreiches Repertoire boten die Haye Villechner´s Bavarian Jazzband, das Donauwörther Dan Markx Orchestra und ebenso das Nürnberger Symphonieorchester. Autoren wie Volker Klüpfel & Michael Kobr und Jan Weiler lasen aus ihren Werken.

Letztes Jahr schrieb ich über den Hoigarta. Hoigarta - Heimgarten - war früher der Ort, an dem sich die Frauen zu einem Schwätzchen und zum Stricken trafen. Männer waren willkommen, wenn sie mit Musik, Liedern und Geschichten ihren Beitrag leisteten. Heute wird zu zünftigen Klängen, bei dem Mitsingen erwünscht ist, eine deftige Brotzeit gereicht.

Das überaus bezaubernde Konzert von der Donauwörther Harfenistin Feodora Johanna Mandel in der Musikschule in Donauwörth überraschte nicht nur mich. Auf den Spuren der Harfenmusik, kindgerecht in eine schöne Geschichte eingebettet, damit lockte sie zahlreiche Kinder und viele Erwachsene in ihre Vorstellung.

Die Stadtkapelle Donauwörth begeisterte mit einem abwechslungsreichen Programm und überzeugte nicht nur mit klassischer Volksmusik, sondern ebenso mit den Blasinstrumenten gespielten Musikstück „Moment for Morricone" von Johan de Mej.

Iris Scheibel, die Leiterin des Kulturbüros und Organisatorin, ist seit Jahren für das vielfältige Programm zuständig. Nicht einfach für jeden Geschmack und Altersstufe das Richtige zu finden. Zusätzlich ist sie für den Donauwörther Kultur Frühling, das Reichsstraßenfest und vieles mehr zuständig und macht ihre Tätigkeit mit großer Begeisterung.

„Buch trifft Musik", mit diesem Titel hatten meine Freundin Petra Plaum und ich zusammen mit dem Musikerfreund Stefano Messina, bereits einen erfolgreichen Auftritt im Star Club. Iris Scheibel fragte uns, ob wir auch bei den Kulturtagen auftreten würden. Unser Freund war leider verhindert, aber wir fanden in Manuel Hechemer einen würdevollen Ersatz und waren überaus begeistert bei den Kulturtagen auftreten zu dürfen.

Theater und mehr

Als wir vor 25 Jahren von Oberbayern nach Bayrisch-Schwaben zogen, dachte ich mir nicht viel dabei. Ist ja alles Bayern. Ich las in der Zeitung von der Theatergruppe Donauwörth, die ein Stück im Ortsteil Auchsesheim spielte. Schnell überredete ich meinem Mann, uns dieses lustig klingende Bühnenstück anzuschauen. Jedoch lachte ich nicht allzu viel, denn ich verstand nur die Hälfte. Hätte ich nie und nimmer gedacht, dass ich mit dem Dialekt Probleme haben könnte. Mittlerweile bereitet er mir keine mehr. Im Gegenteil, manchmal ertappe ich mich dabei, dass ich „Chrischtoph" anstatt „Christoph" sage.

Die Theatergruppe gibt es seit 1972 und im Jahr 1987 gründete das Theater Donauwörth e.V. eine Freilichtbühne. Sie spielten im Sommer immer zwei Stücke, eines für Erwachsene und eines für Kinder auf dem Pausenhof der Mangoldschule. Dafür wurde eine Sitztribüne für 380 Plätze aufgebaut.

2006 war es dann so weit, mit großer Unterstützung der Stadt Donauwörth wurde ein passendes Grundstück gefunden und die Freilichtbühne neben dem Mangoldfelsen eingeweiht. Nach einem Meteoriteneinschlag im Ries vor 14,5 Millionen Jahren wurde dieser Felsen bis nach Donauwörth geschleudert. Bis zu 13.000 Zuschauer sehen die Aufführungen jährlich.

Das ausgesprochen unterhaltsame Programm besticht mit hoch motivierten und talentierten Schauspielern. Das vielseitige Repertoire reicht von den „Drei Musketieren", über „Maria von Brabant" bis hin zu „Der Name der Rose". Im April 2020 wurde die Inszenierung von „My Fair Lady" in der Rubrik Boulevardtheater auf der Freilichtbühne vom Bayerischen Amateurtheaterverband mit dem Amateurtheaterpreis „Larifari" ausgezeichnet.

Im abwechslungsreichen Kinderprogramm findet man „Momo", „Emil und die Detektive" oder auch „Urmel aus dem Eis". Ich schrieb einmal für die Donauwörther Zeitung über Michel (Lönneberga) in der Suppenschüssel und war sprachlos über so viele talentierte Jungschauspieler.

Letztes Jahr wurde die ansprechende Theaterbühne für ein anderes großartiges Event genutzt. Zwei engagierte Donauwörther, Tom Krois und Robert Heinrich, boten drei Tage lang Musikgenuss vom Feinsten und für jeden Geschmack an. Die Vielfalt des Angebots überraschte: „Monaco Swing Ensemble", „Stefano Messina & Band" aus Donauwörth, „Trumpet" aus Augsburg und „SAN2 & Band" aus München. Die Musik riss die Zuschauer von den Plätzen und sogar ich tanzte mir die Seele aus dem Leib.

Vor dem Bühneneingang bewirtete die Gastronomie und die Besucher hatten die Möglichkeit, zwischen Biertischen oder gemütlichen Liegestühlen auf der Wiese zu wählen.

Ein weiteres kleines aber feines Theater für 60 Zuschauer bietet Bernd Zoels mit seiner „Bernis Bunte Bühne" an. Der Gründer und Multitalent spielt bereits jahrzehntelang beim Theater Donauwörth, ist Bauchredner und Sänger und gründete 2015 sein kleines Theater.

Seine Devise lautet: Das Theater lebt vom Applaus des Publikums und deren Spenden. Bei freiem Eintritt und kleine Gagen für die Künstler geht ein Teil der Zuwendungen an den Verein Glühwürmchen e.V.

Kirche früher und heute

Unsere kleine Stadt hat erstaunlich viele Kirchen. In der Reichsstraße fällt als Erstes der imposante Backsteinbau aus dem 15. Jahrhundert auf. Die katholische Stadtpfarrkirche „Zu unserer lieben Frau" kurz Liebfrauenmünster genannt, besticht mit einer gewissen Schlichtheit. Die gotischen Decken- und Wandmalereien, die um 1430 entstandene steinerne Muttergottes über dem Sakristeieingang und eine überlebensgroße Pietà überraschen den Besucher.

Regelmäßig finden beachtenswerte Konzerte statt: Max Müller verbreitete mit dem Tölzer Knabenchor Weihnachtsstimmung und das Benefizkonzert des Polizeiorchesters Bayern begeisterte das Publikum. Zuletzt habe ich über die „Missa brecis Sancti Joannis de Deo" von Joseph Haydn beim stimmungsvollen Festgottesdienst in der Zeitung berichtet.

Nur wenige Schritte weiter erreicht man die imposante Klosteranlage mit der spätbarocken Wallfahrtskirche

Heilig Kreuz, mit prachtvoller Stuckausstattung im Wessobrunner Stil von Franz Schmuzer. Eine wichtige Besonderheit gibt es in der Gruftkapelle: Ein Original-Kreuzpartikel, dass 1030 nach Donauwörth gebracht wurde. Es war ein Teil vom Kreuz Christi, das Mangold als Gesandter des deutschen Kaisers in Konstantinopel erhielt. In der ehemaligen Klosterkirche steht außerdem die Grabstätte der Maria von Brabant, Gemahlin des bayerischen Herzogs Ludwig II. dem Strengen.

In der Reformationszeit waren die Donauwörther in der Mehrheit zum Protestantismus konvertiert. Durch die katholischen Gegenreformation Ende des 16. Jahrhundert kam es in der Stadt zunehmend zu religiösen Streitigkeiten zwischen der protestantischen Mehrheit und der katholischen Minderheit.

Maximilian I. forcierte in der Folgezeit eine Rekatholisierung und daraufhin verließ ein Großteil der protestantischen Bürger die Stadt.

Die 1862 im neugotischen Stil errichtete evangelische Christuskirche erreicht man nach wenigen Schritten. Im Inneren des Kirchenbaus erblickt man den Chor mit den drei Glasfenstern, die vom Donauwörther Kunstmaler Jung geschaffen wurden.

Jedes Jahr findet in der Kirche der „Donauwörther Notenkessel" statt. Das abwechslungsreiche Programm umfasst Gospel und Pop. Dieses Jahr hat mich die Veranstaltung „Urknall und Sternenstaub" im Besonderen beeindruckt. Der Astrophysiker Prof. Andreas Burkert referierte mithilfe von phänomenalen Aufnahmen aus dem Weltall über die Entstehung unserer Welt. Untermalt wurde das Ganze mit Liedern und Texten von dem Liedermacher Clemens Bittlinger.

Ein Stück weiter steht die 1425 erbaute Kath. Friedhofskirche Johannes der Täufer. Die Grundsteinlegung erfolgte durch Abt Kraft aus Kaisheim. Eindrucksvoll sind die Malereien am

Chorgewölbe von 1447 und ein Tafel-
bild am Hochaltar um 1480.

Die letzte Kirche im Zentrum der
Stadt ist die schlichte 1420 gegründete
Kath. Spitalkirche Heilig Geist im Spi-
tal- und Bürgerhaus. Sie lädt den Besucher ein, nach einem hektischen Tag
zur Ruhe zu kommen.

Wenn Ihnen mein Buch gefallen hat, freue ich mich über eine Rezension bei BoD, Lovelybooks, Hugendubel oder sonstigen Büchershops.

Ich freue mich sehr über Post und antworte darauf:
Huelsermann@t-online. de

Dieses Buch ist kein Reiseführer. Alle Informationen in diesem Buch sind von der Autorin sorgfältig geprüft worden, eine Haftung ist ausgeschlossen.

Bisher erschienen:

Sehnsucht nach Rom und Heimweh nach Bayern
- Kurzgeschichten -

Die Autorin erzählt von den Erlebnissen in zwei verschiedenen Welten, die gar nicht so verschieden sind. Sehnsüchte, Ängste, Liebe, Lustiges und Trauriges findet man auf beiden Seiten der Grenze.

213 Seiten / 9,99 € / **ISBN: 978-3-741-25624-0**

Reise ihres Lebens
- Roman -

Frühjahr 2034: Eva weiß, dass sie alles vergessen wird. Doch bevor dies geschieht, überredet sie ihre Enkelin Stella zur „Reise ihres Lebens". Eva möchte ihrer Enkelin die wichtigsten Stationen ihres Lebens zeigen. Stella erfährt einiges über politische Unruhen in Italien und Deutschland, Umweltprobleme und Naturkatastrophen in den Jahren von 1980 bis 2034, sowie über die Tabuthemen Homosexualität, Drogen und Scheinmoral. Zu kurz kommen auch nicht die italienische Lebensfreude, die Kultur Italiens und die Gewissheit, dass Freundschaften Jahrzehnte überdauern können.

424 Seiten / 14,95 € / **ISBN: 978-3-743-18931-7**

Glück sieht jeder anders
- Kurzgeschichten -

Egal, ob das Glück in Ranunkeln, einer Reise, in der großen Liebe, einer Freundschaft oder einem Wiedersehen steckt: „Glück sieht jeder anders". Da ist zum Beispiel Elly, die nicht eine Reise in ihrem Leben gemacht hat, aber trotzdem so tut als ob. Oder Edeltraud, die mit zehn Jahren nach Amerika geschickt wurde. Außerdem ist über die Teilnahme an einem Alpencross mit Sportwagen zu lesen und über den ungewöhnlichen Trip von Klara und Valentina nach Griechenland. Beim Klassentreffen kommen große Geheimnisse ans Licht und es stellt sich einmal mehr heraus, wie klein doch die Welt ist.

214 Seiten / 10,95 € / **ISBN: 978-3-752-85518-0**

Wenn' s anders wäre
- Short Stories -

Einmal in ein anderes Leben schlüpfen, einen Zirkusalltag, eine sizilianische Hochzeit oder eine Zeitreise ins antike Rom erleben.

Ein Gedächtnisverlust in Rom fuhrt zu Verwirrungen, eine junge Frau möchte unbedingt einen Musiker heiraten …

… im Leben kommt es häufig anders, als man denkt.

Die neuen Short Stories von Irene Hülsermann. Dieses mal zum Lachen, Lächeln und Schmunzeln, meist mit unerwartetem Ende.

189 Seiten / 9.99 € / **ISBN: 978-3-751-98374-7**

story.one-Bücher

Hardcover Bücher mit Farbfotos 75 Seiten

Die Welt sehen und das Leben genießen
18.00 € / **ISBN: 978-3-99087-967-2**

In den Geschichten erzählt die Autorin von außergewöhnlichen Begegnungen und Erlebnissen. Reisen von Osten nach Westen, vom Norden in den Süden, mal spannend und informativ oder mit überraschendem Ende.

„Storielle" Erlebnisse in Italien
18.00 € / **ISBN: 978-3-99087-912-2**

Jede der zwanzig Regionen in Italien ist unverwechselbar. Von Nord nach Süd verändern sich nicht nur die Landschaften und die Dialekte, sondern ebenso die Menschen. Die Autorin erzählt von ihren Erlebnissen, Erfahrungen und Freundschaften in dem Sehnsuchtsland der Deutschen. Reisen Sie mit ihr durch vier Jahrzehnte durch 15 Regionen.

Aufregende Situationen prägen das Leben
18.00 € / **ISBN: 978-3-99087-460-8**

Wenn man es zulässt, bietet das Leben beeindruckende Geschichten: Man trifft auf bemerkenswerte Menschen und Situationen. Die Autorin erzählt in diesem story.one Buch von Alltagssituationen, die nicht alltäglich sind.

Pasta,Pasta
18.00 € / ISBN:978-3-7108-0347-5

Chi mangia solo crepa solo, chi mangia in compagnia, vive in allegria. Wer allein isst, stirbt allein, wer in Gesellschaft isst, lebt in Heiterkeit. Italienisches Sprichwort Italien, das Land der kulinarischen Genüsse. Die Autorin, die den gesamten Stiefel bereist und über zwei Jahre in Rom gelebt hat, erzählt kurze Anekdoten aus ihrem Lieblingsland. Dazu serviert sie die passenden Pasta Gerichte, mal aufwendig, mal schnell zubereitet, aus den verschiedensten Regionen.

Coole Träume und buntes Leben
18.00 € / ISBN:978-3-7108-0591-2

Das Leben ist bunt, wenn man seine Träume auslebt. Die Autorin schreibt über den ganz normalen Wahnsinn des Alltags. Sie schreibt über die Höhen und Tiefen - mal fröhlich, mal nachdenklich, mal mit einer Träne im Auge - und nimmt den Leser in eine Welt voller kleiner Abenteuer mit.

Rom mit allen Sinnen erLeben
18.00 € / ISBN:978-3-7108-1945-2

Wie fühlt es sich an, in der Stadt seiner
Träume nach über 30 Jahren ein zweites Mal
leben zu dürfen? Und: Hat sich das Leben in
den drei Jahrzehnten verändert oder ist die Zeit
stehen geblieben? Mitte der Achtziger Jahre
lebte die Autorin für zwei Jahre in der italienischen Hauptstadt. Nun hat sie ich die
Gelegenheit, Vergangenes mit neuen Augen zu
sehen. Für einige Monate wohnte sie zusammen mit ihrem Mann in einem kleinen Apart-
ment in Rom und ging von dort aus auf
Spurensuche.